Lb 1135.

RÉVISION

DU PROCÈS

DU

MARÉCHAL NEY.

PARIS.

IMPRIMERIE DE PIHAN DELAFOREST (MORINVAL),

RUE DES BONS ENFANS, N°. 34.

1831.

RÉVISION

DU PROCÈS

DU

MARÉCHAL NEY.

<hr>

« Je suis accusé contre
» la foi des traités, et on
» ne veut pas que je les
» invoque!... J'en appelle
» à l'Europe et à la pos
» térité! »
  (Protestation du maré-
    chal Ney, à l'audien
    ce du 6 déc. 1815.)

« Accusateur! vous vou
» lez placer sa tête sous la
» foudre! et nous, nous vou
» lons montrer comment l'o
» rage s'est formé! »
  (Dupin, à l'audience du
    23 novembre 1815)

Il faudrait que l'humanité cessât d'être sujette à l'er
reur, pour que *la voie de révision* cessât d'être ouverte
en matière criminelle, surtout dans les accusations poli
tiques, où les juges ne sont pas seulement exposés aux
mécomptes ordinaires de l'intelligence humaine, mais où
ils sont encore assiégés par les passions ambitieuses qui,
dans les affaires ordinaires, ne viennent point agiter les
esprits et troubler les consciences!

Que le Tribunal soit plus ou moins élevé dans la hié
rarchie des pouvoirs; que le nombre des hommes qui
ont pris part à ce jugement soit plus ou moins grand,

peu importe l'erreur, quand elle doit être commise, s'empare des compagnies comme des individus; plus ra pidement peut être, parce qu'il y a plus de fermenta tion dans une réunion nombreuse que dans une seule tête, et moins d'inquiétude sur la responsabilité d'un fait, quand cette responsabilité est très divisée, que lorsqu'elle se concentre sur un petit nombre d'individus.

La révision était admise par notre ancien droit fran çais; elle l'était spécialement par l'ordonnance de 1670, contre les arrêts des Parlemens (et du Parlement de Pa ris, *Cour des pairs*), aussi bien que pour les sentences des autres juridictions.

Pour les temps anciens, il suffirait de citer pour exemple l'arrêt du connétable de Bourbon, annulé après sa mort, le 27 mai 1530, et l'acte d'annullation publié et enregistré par le même Parlement de Paris, qui l'a vait condamné à mort et avait confisqué tous ses biens !

L'amiral Chabot, condamné le 8 février 1540, par un amalgame de commissaires extraordinaires et de neuf conseillers du Parlement de Paris, fut réhabilité au mois de mars 1541, et la réhabilitation enregistrée le 5 avril suivant, au même Parlement de Paris, qui avait fourni le détachement de conseillers employés à la condamna tion ! Et cette condamnation elle même devint un des chefs d'accusation contre le chancelier Poyet qui en avait été le promoteur.

Enfin, dans des temps plus modernes, l'arrêt de Lalli Tollendal, condamné à mort et conduit au supplice, ayant à la bouche un bâillon (que d'autres juges n'ont mis qu'à celle des défenseurs de l'accusé) ! Cet arrêt, cassé le 25 mai 1778, renvoyé au Parlement de Rouen, purgé de la ridicule intervention d'un des juges qui avait demandé la parole *pour un fait personnel*, fut finale ment revisé par les Parlemens de Dijon et de Bordeaux, sur les poursuites infatigables d'un fils nommé *curateur à la mémoire de son père*, et dont la piété refusa d'ac cepter aucune faveur de la cour, jusqu'à ce que satisfac tion eût été donnée à la mémoire qu'il avait entrepris de venger.

Dans le système de l'ordonnance de 1670, on ren voyait le procès tantôt au même Tribunal, tantôt à un autre, s'il existait contre le premier une cause de suspi cion légitime.

L'assemblée constituante ne crut pas la révision compatible avec l'institution du jury, et elle admit seulement *la rehabilitation*. Pour les demandes en révision non encore jugées, une loi du 10 août 1792, chargea la Cour de cassation de les vider.

Mais dès l'année suivante, on reconnut que la *réhabilitation* ne suffisait pas aux besoins de la justice; et que, par exemple, dans le cas de deux condamnations contradictoires et inconciliables, qui, dans leur conflit, rendaient certaine l'innocence d'un des deux condamnés pour le même fait, il fallait absolument admettre *la révision*. Elle fut en effet admise, pour ce cas, par une loi du 13 mai 1793.

Sous le Code de brumaire an IV, on douta si son article 594 n'avait pas, dans son abrogation générale des lois antérieures, compris celle du 13 mai sur la révision; mais la Cour de cassation jugea que non, par arrêt du 9 vendémiaire an IX.

Sous l'Empire, le sénatus consulte du 14 thermidor an X, accorda, par son art. 86, *le droit de grâce* au chef du gouvernement; mais on fait grâce aux coupables, et la révision devait-elle donc être interdite aux innocens? Cette différence est bien marquée par la réponse de la veuve de Barnevelt. Ses fils ayant tramé une conspiration contre le prince d'Orange qui avait fait condamner et exécuter leur père, elle sollicita leur grâce. Le prince lui objecta qu'il était étonné que ne l'ayant pas demandée *pour son mari*, elle vînt la solliciter *pour ses fils*! Elle répondit que *si elle n'avait pas sollicité la grâce de son mari, c'est qu'il était* INNOCENT, *mais que ses fils étaient* COUPABLES.

Aussi, sous le sénatus consulte de l'an X, comme auparavant, la Cour de cassation a toujours jugé que le *droit de grâce*, ne faisait point obstacle au *droit de révision*. (Voyez l'arrêt du 30 novembre 1810, et celui du 27 juin 1811.)

Le Code d'instruction criminelle a défini plusieurs cas dans lesquels il fait de la révision un *droit absolu*; ces cas sont au nombre de trois

1° Lorsqu'un accusé a été condamné pour un crime, et qu'un autre accusé a aussi été condamné par un autre arrêt, comme auteur du même crime, si les deux arrêts

ne peuvent pas se concilier et sont la preuve de l'inno
cence de l'un ou de l'autre des condamnés. (art. 443.)

2° Lorsqu'après une condamnation prononcée pour
homicide, il y a preuve, ou seulement des indices suffi
sans que la personne prétendue homicidée existe encore.
(art. 445.)

3° Lorsque la condamnation a eu lieu sur faux témoignage dûment constaté. (art. 446.)

Le Code prévoyant le cas où la personne condamnée
a subi sa condamnation, dit qu'il sera créé un *curateur à
sa mémoire, avec lequel se fera l'instruction, et qui exer
cera tous les droits du condamné.* (art. 447.)

L'infortuné Lalli était dans ce cas; il en est de même
de ce que le fils de Lalli appelait *la douloureuse condam
nation du maréchal Ney* (1).

L'effet de la révision au fond est que « si par le ré
» sultat de la nouvelle procédure, la première condam
» nation se trouve avoir été portée injustement, le nou
» vel arrêt *déchargera la mémoire du condamné de
» l'accusation qui avait été portée contre lui.* » (art.
447.)

Quant à la procédure, sous l'ancienne législation, la
révision devait être autorisée par lettres patentes du
Roi, obtenues en grande chancellerie, et adressées à la
juridiction qui devait en connaître. Sous le Code actuel,
le ministre de la justice, soit d'office, soit sur la de
mande de la partie intéressée, charge le procureur gé
néral près la Cour de cassation de dénoncer les faits à
cette Cour qui statue et désigne la Cour ou le Tribunal
qui devra procéder à la révision.

Du reste, aucun délai fatal, aucune prescription n'est
assignée pour borner la durée et les effets de la de-
mande en révision.

Maintenant, et sur la question précise de savoir *si l'arrêt du maréchal Ney est dans le cas d'être révisé*, exa-
minons qu'elles sont les objections que peuvent faire les
partisans de l'immuabilité de cet arrêt.

---

(1) Cette expression se trouve dans un écrit de M. de Lalli
Tollendal, intitulé *Déclaration de plusieurs pairs*, et inséré
au *Moniteur* du 27 novembre 1821.

La première est que la juridiction de la Cour des pairs est une juridiction *exceptionnelle* qui n'est pas soumise aux règles du droit commun.

Mais à cette objection on doit répondre comme l'a déjà fait M. Carnot dans son Code d'instruction criminelle.

«Ce n'est pas seulement des arrêts rendus par les Cours d'as
» sises que le Code d'instruction criminelle autorise la révi
» sion, mais de *tous les arrêts ou jugemens* qui prononcent
» des peines afflictives ou infamantes, *quel que soit la Cour*
» *ou le Tribunal* qui les ait rendus, ainsi les jugemens émanés
» des *Tribunaux militaires*, etc., etc..... Ce n'est pas *limita*
» *tivement*, en effet, que le Code parle des arrêts et des Cours,
» puisqu'il porte que, *dans les cas prévus*, il y aura lieu à ré
» vision, et qu'il le declare ainsi d'une manière *absolue*, et
» sans y mettre *aucune restriction.* »

A quel titre, d'ailleurs, voudrait on ici soustraire les arrêts de la Cour des Pairs à la révision autorisée par le droit commun ? Cela serait tout au plus tolerable si la procédure de la Cour des pairs avait été réglée par une *loi spéciale* hors laquelle il serait défendu d'aller chercher un moyen de recours. Mais qu'on daigne s'en sou venir, la défense du maréchal Ney s'est vainement récriée contre l'absence d'une telle loi(1), contre l'arbitraire effrayant dont cette Cour allait s'environner, en traçant elle même la marche qu'il lui conviendrait de suivre. Que répondit l'accusation ? Que l'on emprunterait au droit commun toutes les dispositions praticables devant la Cour des pairs. Cette Cour en a usé de même lors de la conspiration dite du mois d'août, en 1820, quoiqu'à cette époque le Roi eût rendu une ordonnance pour tra cer une procédure *spéciale* à la Cour des pairs; elle n'y eut aucun égard, et la Cour voulut encore s'en tenir à la procédure tracée par le Code d'instruction crimi nelle. Or, si la Cour des pairs a ainsi emprunté à ce Code toutes les formes a l'aide desquelles on a conduit l'accusation à son terme et prononcé la condamnation ,

---

(1) Parmi les quatre Mémoires que M. Dupin a rédigés pour la défense du maréchal Ney, et qui se trouvent dans l'ouvrage de M. Évariste Dumoulin, le plus exact et le plus indépen dant des historiens de ce grand procès, voyez celui qui est in titulé *Question préjudicielle.*

le droit n'est il pas resté à l'accusé lui même, et après lui à sa famille, d'user en temps et lieu du remède extrême de la révision, que *le droit commun autorise, et dont aucune loi particulière n'a excepté les arrêts de la pairie ?*

Et si nous regardons au fond des choses, sous quel prétexte honnête et raisonnable pourrait on refuser la révision d'une condamnation prononcée *même par la Cour des pairs ?*

1° Si cette condamnation se trouvait, par événement, en conflit avec une autre condamnation prononcée par une Cour ordinaire, contre un homme du droit commun, en raison du même fait pour lequel la Cour des pairs aurait condamné son justiciable privilégié ! N'y aurait il pas, dans l'intérêt, je ne dis pas de la loi, mais du sens commun et de l'équité naturelle, nécessité de procéder à une révision dont l'effet serait de lever ce que les deux arrêts offriraient de contradictoire et d'inconciliable, si la condamnation de l'un des deux accusés devenait évidemment la preuve de l'innocence de l'autre ? (Cas prévu par l'art. 443.)

2° N'en faudrait il pas dire autant, si la noble Cour avait condamné un accusé pour avoir *tué dans une conspiration* un homme dont l'existence serait ensuite prouvée ou suffisamment renseignée ? (Art. 444.)

3° Et si la noble Cour, sujette à être trompée. comme les Tribunaux ordinaires, n'avait jugé que sur faux témoignages, faudrait il maintenir l'arrêt, malgré la découverte ultérieure du faux ? Non, mille fois non. (Art. 445)

Mais, dira t on pour seconde objection, si l'on ne peut nier que dans *ces trois cas qui sont ceux prévus par le Code,* il y aurait lieu à révision, on n'en pourrait rien conclure dans l'espèce proposée, parce que la condamnation du maréchal Ney n'a été rendue dans aucun de ces trois cas.

Si ; on en conclurait d'abord *en principe* que, dans ces trois cas, il y aurait lieu à révision ; et que, par conséquent, les arrêts de la Cour des pairs, quoique rendus par la plus élevée des juridictions du royaume, ne sont pas invulnérables. Car ici la souveraineté de la juridiction n'y fait rien, puisque *la révision,* par sa nature, n'a jamais lieu que contre des arrêts en dernier ressort, passés en force de chose jugée ; et quelquefois même contre des arrêts qui malheureusement ont déjà reçu leur fatale exécution !...

Ensuite, et *en fait*, on aurait à examiner s'il n'y a pas lieu, dans l'espèce, d'appliquer le troisième cas : celui de *faux témoignage*, quand on pense que le prétexte dont on s'est servi pour écarter le moyen tiré de la convention de Paris, a été que les Bourbons *n'avaient pas approuvé et ratifié cette convention*. Eh bien ! ce prétexte était *faux* : car ils l'avaient ratifiée. On l'a nié impudemment dans une *note écrite*, mais cette note est aussi un *faux témoignage* : la preuve de l'adhésion avait été dissimulée tant qu'a duré la restauration ; c'était peut être là *le secret de Bignon !* Mais il sera le premier à le révéler, d'autres preuves existent, et le contraire de ce qui a été dit pour appuyer l'arrêt sera facilement prouvé.

Vainement, dira t on, en s'attachant toujours à la lettre de la loi, qu'il faudrait d'abord faire condamner les faux témoins ? Je réponds que si le Code parle des faux témoins, il entend surtout parler du *faux témoignage*. Qu'importe, en effet, que ce soit par suite d'une deposition *orale* qu'un accusé ait succombé, ou par suite d'une déclaration *écrite*? L'effet est le même si la déclaration est *fausse* et si les juges, *trompés* par cette déclaration, ont injustement condamné celui qu'ils auraient absous dans le cas où on ne leur aurait pas caché la vérité. Comment surtout renvoyer a un procès préalable contre la personne de ceux qui ont menti *à* justice, si l'un d'eux est un étranger qui n'était pas alors, pas plus qu'il n'est encore à présent, justiciable des Tribunaux du pays ? Comment, si cette dissimulation du vrai, qui a induit le juge en erreur, a été commise par un gouvernement dont le chef est mort, et dont le ministère responsable n'existe plus depuis long temps, et si d'ailleurs il s'est écoulé comme dans l'espèce, un temps plus que suffisant pour opérer la prescription contre les coupables ? A l'impossible nul n'est tenu ; et c'est ici, ou jamais non, le cas d'appliquer la maxime qui répute une condition accomplie, quand il ne dépend pas de celui à qui elle est imposée qu'elle le soit, et quand l'obstacle, à son accomplissement, procède d'un fait qui lui est étranger.

Ajoutons d'ailleurs un dernier moyen, et celui ci est décisif, c'est que les trois cas de révision énumérés par le Code ne sont pas les seuls dans lesquels la révision puisse avoir lieu. Ce sont bien les seuls dans lesquels elle a lieu *de plein droit, forcément*, par la seule volonté du condamné ou de sa famille ; mais, dans la discussion au Conseil d'Etat, on n'a pas pu se dissimuler qu'à côté de ces trois cas prévus par la loi, il pourrait s'en trouver d'autres aussi favorables, et dans lesquels l'humanité, la raison, la justice réclameraient la révision d'une con damnation. Alors on a considéré que le droit de *grâce*, qui renferme le droit absolu et péremptoire d'anéantir les effets d'une condamnation portée même contre un homme évidemment coupable, comportait, à plus forte raison, le droit d'autoriser la révision d'un procès contre un homme présumé innocent ; car qui peut le plus peut le moins. Or, c'est précisément ce qui a eu lieu lors de la discussion du Code d'instruction criminelle ; et c'est ce qui fait dire à M. Carnot :

« Mais si Sa Majesté, usant de la souveraine puissance dont
» elle est revêtue, ordonnait la révision d'un procès *hors des*
» *cas* que le Code d'instruction criminelle détermine, les Tri
» bunaux devraient s'empresser de déférer à ses ordres, puis
» que, ayant le droit de faire grâce, elle a nécessairement celui
» d'ordonner *la révision des procès que des circonstances*
» *particulières tirent de la règle commune.* »

Et ce n'est pas une vaine théorie sur l'interpréta tion du Code d'instruction criminelle ! Cette interpréta tion était tellement dans son esprit, qu'elle a reçu son application dans une circonstance même qui n'avait rien de politique, rien qui réclamât autre chose que l'appli cation des règles communes de l'équité et de la pitié pour un homme accusé de vol et qu'on supposait avoir été in justement condamné ! Voici la teneur des lettres paten tes qui furent expédiées le 20 décembre 1813 .

Napoléon, par la grâce de Dieu et les constitutions de l'em pire, empereur des Français, roi d'Italie, protecteur de la confédération du Rhin , médiateur de la confédération suisse, etc , etc., etc.,

Au premier président, aux présidens et conseillers de notre Cour de cassation, savoir faisons ce qui suit :

Notre grand juge ministre de la justice nous a exposé qu'un arrêt de la Cour de justice criminelle du département de la Dyle , en date du 18 juillet 1806 , a condamné à seize années de fers Gérard Garçon pour crime de vol sur une grande route, et le nommé Sébastien Ellenbergh, pour complicité dans ledit crime,

Gérard Garçon ayant ensuite été accusé du crime de garrotage dans le département des Deux Nèthes, a été extrait du bagne et traduit devant la Cour d'assises, ainsi que Sébastien Ellenbergh, prévenu de complicité avec lui dans ce nouveau crime, il est résulté de la procédure faite contre ces deux individus, que, d'une part, Gérard Garçon a été condamné le 17 juillet 1808 à la peine de mort, et que de l'autre, non seulement Sébastien Ellenbergh a été reconnu étranger au crime de garrotage, mais que même on a acquis *de fortes présomptions qu'il n'avait point eu part au crime de vol sur une grande route, pour lequel il avait été condamné*, les lumières acquises à cet égard par les magistrats dans le cours de la procédure, ont été corroborées par la déclaration de Gérard Garçon, à l'exécution duquel il avait été sursis pour causes valables; Gérard Garçon ayant aussi indiqué un autre individu comme complice de son crime, cet individu a été amené devant la Cour de Bruxelles, mais malgré la conviction de sa culpabilité acquise par les juges au moyen de l'instruction, il a été impossible de le mettre en accusation; l'action publique étant prescrite à raison du laps de temps écoulé aux termes de l'article 637 du Code d'instruction criminelle.

D'après cet exposé, notre grand juge a conclu dans notre conseil privé tenu le 12 de ce mois, à ce qu'il nous plaise d'accorder *des lettres de grâce* à Sébastien Ellenbergh, sur lequel rapport ayant entendu ceux qui composent ledit conseil, nous avons *pensé que le moyen proposé ne satisfaisait pas entièrement à l'égard dudit Ellenbergh, aux droits de la justice*, attendu les fortes présomptions acquises sur son innocence, cependant l'individu reconnu coupable étant couvert par la prescription, il est impossible de prononcer contre lui un arrêt qui, se trouvant inconciliable avec celui d'Ellenbergh, donnerait ouverture à vous faire dénoncer les deux jugemens par notre procureur général, ainsi qu'il est prescrit par l'article 443 du Code d'instruction criminelle, à l'effet d'annuler l'un et l'autre, et de renvoyer les deux condamnés devant une autre Cour pour une nouvelle instruction.

Les autres moyens indiqués par le Code étant évidemment inapplicables, et *l'état actuel de la législation laissant sans recours l'innocent condamné dans le cas dont il s'agit*, nous avons jugé nécessaire de suppléer à cette insuffisance de la loi par une disposition rapprochée de ce qu'elle a déterminé pour des faits analogues.

A ces causes, nous voulons et ordonnons que l'arrêt rendu le 18 juillet 1806, par la Cour de justice criminelle du département de la Dyle, contre Sébastien Ellenbergh, soit, ainsi que la procédure qui y a donné lieu, et celle qui a motivé l'au rêt porté par la Cour d'Anvers le 7 juillet 1808, soumis à ce ré examen, en sections réunies, sous la présidence de notre grand juge ministre de la justice, afin qu'en traitant dans l'exa men ces faits, indépendamment de la régularité et des vices de forme, et sans avoir égard à l'arrêt de confirmation précé demment rendu par vous, ledit arrêt de la Cour de Douai e soit cassé et annulé, s'il y a lieu, dans l'intérêt d'Ellenbergh, et que ledit individu soit absous et mis en liberté, comme aussi dans le cas où l'innocence dudit Ellenbergh ne paraîtrait pas suffisamment résulter de la procédure, nous vous autorisons à le renvoyer devant une Cour d'assises, pour le faire juger de nouveau sur les faits qui ont donné lieu à sa condamnation.

Mandons et ordonnons que les présentes lettres de révision gracieuse, scellées du sceau de l'empire, visées par notre cou sin le prince archichancelier, vous soient présentées par notre procureur général, en audience publique, et transcrites de suite sur vos registres à sa réquisition.

Donné à Paris, le 20 décembre 1813

Signé NAPOLÉON.

Ces lettres patentes contresignées par l'archi chance lier Cambacérès, ont été lues, publiées, enregistrées, *pour être exécutées selon leur forme et teneur*, devant la Cour de cassation, en audience solennelle, le 8 janvier 1814, sur le requisitoire de M. le procureur général MERLIN, sous la présidence de M. le comte MOLÉ, grand juge, ministre de la justice, toutes les sections réunies avec leurs présidens, et, parmi eux M. HILARION DE PANSLY !

En exécution de ces mêmes lettres et de l'arrêt d'en registrement, on avait déjà commencé la révision ; un rapporteur avait été commis, et il achevait son travail, lorsque, sur ces entrefaites, le departement de la Dyle, auquel l'accusé appartenait par sa naissance et son do micile, ayant été envahi par les armées etrangères, et en suite *distrait du territoire français par un traité* (celui d 30 avril 1814). les Tribunaux français cessèrent d'avoir juridiction sur l'accusé, et il devint *impossible de donner suite à l'affaire, et de statuer au fond sur l'effet des let tres de révision gracieuse dont il s'agit.* Tels sont les ter mes employés dans l'arrêt du 7 juillet 1814.

Mais le principe n'en reste pas moins clairement posé la grâce, la réhabilitation, des honneurs accordés ou pro mis aux héritiers, tout cela *ne satisfait pas aux droits de la justice.* Il n'y a qu'un moyen, qui soit efficace, c'est d'anéantir et d'extirper *par la voie de la révision*, une condamnation que des présomptions suffisantes portent à regarder comme injuste. Cette révision est *forcée* quand on est dans un des trois cas littéralement prévus par le Code; et nous avons prouvé (sans même épuiser la question), que l'arrêt du maréchal est dans l'un de ces cas. Mais ne fût-il pas exactement dans ses termes, il reste toujours, en droit, la possibilité « d'une *révision* » *gracieuse* dans les procès que des *circonstances parti* » *culières* tirent de la règle commune. »

Or, quelle affaire, quelle condamnation, quel arrêt ont jamais offert des circonstances plus particulières, plus extraordinaires que celles du maréchal Ney? Comment le ministre de la justice de 1831, hésiterait-il à conseiller au roi de rendre une ordonnance fondée sur *le même principe* que les lettres patentes accordées par l'empereur, le 20 décembre 1813, dans une espèce qui était loin d'offrir le même degré d'évidence, et surtout le même intérêt? Cette ordonnance préalable est d'autant plus nécessaire ici, que, sans cela, la chambre des pairs ne peut pas se constituer en *Cour de justice* (1). Espérons donc que cette ordonnance ne tardera pas à être rendue sur la requête qui, nous n'en doutons pas, sera incessamment présentée au roi par la veuve et les enfans du maréchal!

Que pourraient, en effet, alléguer les ministres pour s'y refuser? Le droit? On vient de prouver qu'il existe. Des considérations politiques? La crainte de chagriner quelques pairs? Mais il n'en reste plus que quarante sur cent soixante un qui ont pris part à l'arrêt; et ces quarante même, dont plusieurs ont eu le

---

(1) Ceci explique comment le procureur général près la Cour de cassation a pu promettre sa coopération à la famille du maréchal Ney Si l'arrêt avait été rendu par une juridiction ordinaire, une Cour d'assises, il faudrait d'abord passer par la Cour de cassation, pour obtenir d'elle l'indication du Tribunal qui serait chargé de la révision. Mais la Cour des Pairs étant en dehors de la juridiction de la Cour de cassation, le ministère du procureur général près cette Cour n'est point impliqué dans cette affaire Il n'est, à cet égard, qu'un simple particulier, un conseil, un ami, dont le ministère devient libre et peut être invoqué.

bonheur et l'honneur de ne pas voter la mort (1), et dont on la ssera d'ailleurs les intentions en paix pour ne combattre que leurs œuvres ; ces quelques juges qui, dans tous les cas, voudront et devront s'abstenir de connaître de la révision, et qui par conséquent n'auront pas la douleur d'entendre en 1831 une défense qu'ils n'ont pas voulu écouter en 1815, ces juges peuvent ils donc être mis en balance avec ce nombre immense de citoyens qui font cause commune avec la famille du maréchal Ney ; et qui tous, d'une voix forte et unanime, font des vœux pour la cassation de son arrêt ?

Des considérations politiques ? Elles sont toutes pour la révision et l'anéantissement de la condamnation ! Anéantir cette œuvre d'iniquité et de réaction, c'est faire *le procès à l'étranger ?* Oui, a l'étranger ! Sa présence souillait notre territoire ! C'est *en son nom* que l'accusation a été portée et que l'on a requis *condamnation* (2) ! c'est sous son influence que l'arrêt a été rendu. Il voulait une de nos gloires militaires en holocauste ! on lui a sacrifié Ney ! Et la victime était bien choisie, car il n'y a pas une des puissances comprises dans la sainte alliance qui n'eût à lui reprocher d'avoir défait ses troupes et battu ses généraux ! Wellington surtout, dont Ney avait contenu toute l'armée avec quatre régimens dans sa retraite de Portugal ! Wellington, bien éloigné d'imiter la magnanimité de Gonzague envers Lautrec ! lui, Anglais, qui, même en France, eût pu faire excuser sa victoire, s'il eût été vainqueur équitable et généreux, et qui au lieu d'attacher sa gloire à protéger un de ses rivaux d'armes, et a faire respecter une convention à laquelle il devait son entrée dans Paris !... a mieux aimé la laisser violer quant aux personnes, pour se réserver ensuite le prétexte de la violer lui même quant aux monumens !

---

(1) *Ne votez pas la mort* (dit le général Colaud à M de Fontanes, en entrant dans la chambre du conseil), *vous en dormirez mieux.* (*La Renommée*, du 7 décembre 1819.)

(2) On connaît ce *réquisitoire* de M. de Richelieu, et les termes par lui employés devant la Chambre des pairs, en y apportant l'ordonnance du roi, termes rappelés à la séance de la Chambre des députés du 12 novembre dernier, et qui, en 1815, firent dire à un homme d'Etat fécond en expressions piquantes *Avez vous lu l'*UKASE *de M. de Richelieu?*

C'est sur ce point capital que doit porter *la révision !* c'est en cela que la cause est *nationale* , qu'elle se distingue essentiellement de toutes les autres , et qu'il importe de ne la point déserter! Il ne s'agit pas de controverser le fond , de se jeter dans un détail de faits et d'enquêtes , et de con sulter encore le témoignage de M. de Bourmont..... Il suffit de se dire : « Une convention stipulée par cent » mille Français les armes à la main , et qui n'ont con- » senti à remettre l'epée dans le fourreau que sous la » condition qu'il n'y aurait dans leur patrie ni réactions » sanglantes contre les personnes, ni spoliations des » propriétés publiques et privées, a été indignement » violée! Il a été défendu à un accusé de l'invoquer! Le » moyen était décisif; mais *la défense n'a pas été libre !* » et l'accusé a PROTESTÉ... Cet arrêt doit être mis au » néant. »

Après cela , si vous voulez, nous monterons au Pan théon pour aller rendre grâce aux dieux !...

D****

www.ingramcontent.com/pod-product-compliance
Lightning Source LLC
LaVergne TN
LVHW010221060726
842527LV00007B/2580